REZEPTÜBERSICHT

Buen provecho!

Salsa-Sauce 5
Guacamole 6
Pico de Gallo 7
Mexico-Sauce 8
Chili-Cheese-Sauce 9
Salsa Verde 10
Mexican Cream 11
Mexican Layered Dip 12
Sour Cream 14

Fresh Corn Salad 16
Ananas-Mango-Salsa 17
Mexican Street Corn Fritters 18
Mais-Gazpacho 20
Mexican Shrimp-Cocktail 21
Mexican Green Rice 22
Quinoa-Salat 23
Homemade Tortillafladen 24
Veggie Quesadillas 26
Traditionelles Carne Asada 28
Bohnenmus 30
Zwiebel-Relish 31
Taco Garlic Shrimps 32
Mexican Pulled Chicken 34
Shrimp / Chicken Fajitas 36
Chilli sin/con Carne 38
Enchiladas mit Hackfleisch-Füllung 40
Enchilada Mole Sauce 42
Gefüllter Taco-Ring 44

Tres Leches Kuchen 46
Erdbeer Mojito 48

Was ist was?

Mexican FOOD

Buen provecho! Jetzt wird die bunte Lebensfreude Mexikos serviert. Machen Sie sich bereit für frische Tacos mit unterschiedlichen Füllungen, feurige Fajitas, würzige Burritos oder selbstgemachte Quesadillas. Aber was ist was? Hier eine kleine Übersicht der Gerichte.

Tacos

Ein Taco besteht aus einer Tortilla aus Weizen oder Mais, die mit zahlreichen Zutaten gefüllt werden kann. In den meisten Fällen wird der Taco mit einer scharfen Salsa abgeschmeckt. Tacos werden aus der Hand gegessen.

Tipp: Zum Fixieren können Sie Holzspieße verwenden.

Quesadillas

Die Quesadilla (auch Käse-Tortilla) ist eine typisch mexikanische Speise auf Basis einer mexikanischen Tortilla. Im Original wird die Quesadilla mit Käse zubereitet, der in die Mitte einer geklappten Tortilla gelegt wird, die dann gebacken oder frittiert wird.

Fajita

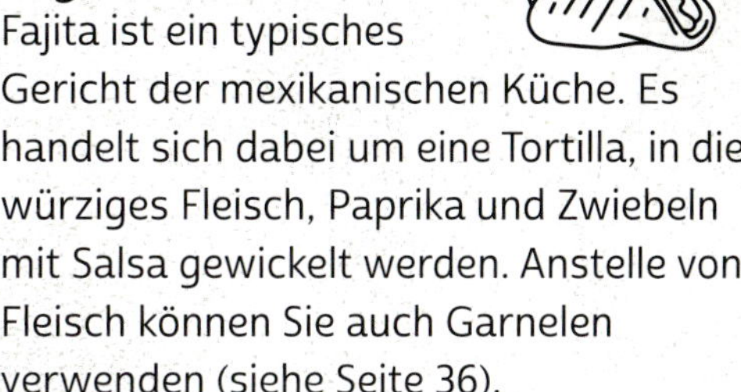

Fajita ist ein typisches Gericht der mexikanischen Küche. Es handelt sich dabei um eine Tortilla, in die würziges Fleisch, Paprika und Zwiebeln mit Salsa gewickelt werden. Anstelle von Fleisch können Sie auch Garnelen verwenden (siehe Seite 36).

Burrito

Der Burrito ist eine beliebte Speise, die aufgrund ihrer Einfachheit in vielen Fast-Food-Restaurants serviert wird. Es handelt sich um eine gefüllte aufgerollte Weizentortilla.

Der Burrito kann beliebig gefüllt werden - meist mit Hackfleisch (siehe Chili con Carne Seite 38), Bohnen, Reis, Tomaten, Avocado oder/und Käse. Gerne können Sie noch Salsa-Sauce oder Guacamole dazu geben. Der Fantasie sind keine Grenzen gesetzt.

Tostadas

Dies sind kleine, knusprig gebackene Maistortillas mit Knoblauch und Tomaten bestrichen. Das Bohnenmus von Seite 30 eignet sich auch wunderbar zum Bestreichen. Die Tortilla wird mit Fisch oder Fleisch sowie Gemüse belegt und nicht zusammengerollt.

Guacamole

PICO DE GALLO

MEXICAN CREAM

6 Portionen

SALSA-SAUCE

ZUTATEN

1	rote Zwiebel, halbiert
2	Knoblauchzehen
etwas	Koriander o. Petersilie
1	Jalapeño
600 g	Tomaten
50 g	Olivenöl
50 g	Apfelessig
1 TL	Zucker
1 TL	Salz
¼ TL	Pfeffer, gem.
2 TL	Paprikapulver, geräuchert
1 TL	Kreuzkümmel, gem.
50 g	Tomatenmark

ZUBEREITUNG

Zwiebel, Knoblauch, Koriander und Jalapeño **5 Sek./Stufe 5** zerkleinern. Tomaten in kleine Würfel schneiden und zusammen mit den restlichen Zutaten (außer Tomatenmark) zugeben und **15 Min./100°C/Stufe 1** kochen. Tomatenmark zugeben und **3 Sek./ /Stufe 3** unterrühren.

TIPP: Wenn man nach Zugabe des Tomatenmarks die Salsa nochmal aufkocht und heiß in saubere Schraubgläser füllt, kann man diese kühl gelagert mehrere Wochen aufbewahren.

Pro Portion: 119 kcal · 7 g KH · 2 g EW · 8 g Fett

6 Portionen

GUACAMOLE

ZUTATEN

1	rote Zwiebel, halbiert
2	Knoblauchzehen
etwas	Koriander*
1	rote Chilischote, entkernt
2	Avocados
2 EL	Limettensaft
etwas	Salz & Pfeffer
1	Tomate

ZUBEREITUNG

Zwiebel, Knoblauch, Koriander und Chili im Mixtopf **5 Sek./Stufe 5** zerkleinern. Avocado-Fruchtfleisch und restliche Zutaten (außer Tomate) zugeben und **30 Sek./Stufe 3** cremig rühren.

Tomate in kleine Würfel schneiden. Mit dem Spatel unterrühren.

** Wer keinen Koriander mag, kann Petersilie verwenden.*

TIPP

Legen Sie den Kern einer Avocado in die Mitte der Guacamole. Dadurch verfärbt sich diese nicht so schnell, sondern bleibt schön grün.

Pro Portion: 144 kcal · 3 g KH · 2 g EW · 11 g Fett

4 Portionen

PICO DE GALLO

ZUTATEN

1	rote Zwiebel, halbiert
1	Knoblauchzehe
etwas	Koriander*
1	rote Chilischote, entkernt
400 g	Tomaten
2 EL	Limettensaft
etwas	Salz & Pfeffer

ein paar Spritzer Tabasco

ZUBEREITUNG

Zwiebel, Knoblauch, Koriander und Chili im Mixtopf **5 Sek./Stufe 5** zerkleinern.

Tomaten in kleine Würfel schneiden und mit den restlichen Zutaten zugeben. Alles **3 Sek./ ⟲ /Stufe 3** vermengen.

** Wer keinen Koriander mag, kann Petersilie verwenden.*

Pro Portion: 30 kcal · 4 g KH · 1 g EW · 0,3 g Fett

MEXICO-SAUCE

6 Portionen

ZUTATEN

1	rote Chilischote, entkernt
1	rote Paprika
1	grüne Paprika
1	rote Zwiebel
200 g	stückige Tomaten (Dose)
50 g	Rotweinessig
50 g	Zucker
1 TL	Worcestersauce
1 geh. TL Salz	
etwas	Pfeffer, frisch gem.
1 TL	Paprikapulver, edelsüß
¼ TL	Currypulver
¼ TL	Kreuzkümmel, gem.
60 g	Tomatenmark

ZUBEREITUNG

Peperoni im Mixtopf **5 Sek./Stufe 6** zerkleinern. Paprika und Zwiebel in kleine Würfel schneiden (dann ist die Salsa stückiger). Alternativ im Mixtopf **4 Sek./Stufe 5** zerkleinern. Zusammen mit den restliche Zutaten (außer Tomatenmark) zugeben und das Ganze **30 Min./100°C/ ⟲ /Stufe 1** kochen.

Danach Tomatenmark zugeben und **3 Sek./Stufe 3** mischen. In eine Schüssel füllen und abkühlen lassen.

TIPP

Wer die Sauce schärfer möchte, kann auch eine Habanero anstelle der Peperoni verwenden.

Pro Portion: 78 kcal · 15 g KH · 2 g EW · 0,5 g Fett

CHILI-CHEESE SAUCE

TIPP
Wenn die Sauce abkühlt, wird sie fester. Kann jederzeit wieder erwärmt werden.

6 Portionen

ZUTATEN

1	rote Chilischote
200 g	Schmelzkäsescheiben, Cheddar-Style
50 g	Milch, 1,5%
50 g	Sahne
1 TL	Paprikapulver, edelsüß
1 TL	Zitronensaft
1 paar	Spritzer Tabasco

ZUBEREITUNG

Chili entkernen und in Stücken in den Mixtopf geben. Dann **5 Sek./Stufe 7** zerkleinern. Käse würfeln und zugeben.

Restliche Zutaten hinzufügen und **3 Min./90°C/Stufe 3** schmelzen. In eine Schale umfüllen und sofort servieren.

Pro Portion: 110 kcal · 4 g KH · 6 g EW · 8 g Fett

4 Portionen

SALSA VERDE

ZUTATEN

1 Handvoll Koriander	
2	Knoblauchzehen
2	grüne Tomaten, geviertelt
½	rote Chilischote, entkernt
100 g	Zwiebel, in Stücken
1	Limette, geschält und geviertelt
1 EL	Olivenöl
½ TL	Salz
¼ TL	Zucker

ZUBEREITUNG

Alle Zutaten in den Mixtopf geben und **10 Sek./Stufe 9** mixen.

Kann im Kühlschrank 2-3 Tage aufbewahrt werden.

Pro Portion: 63 kcal · 4 g KH · 1 g EW · 4 g Fett

TIPP

Die Sauce passt perfekt zu Fajitas, Burritos, Tacos oder einfach zum Dippen z.B. für Nachos.

Mexican Cream

ZUTATEN

150 g saure Sahne
150 g Schmand
100 g Mayonnaise
60 g Mexican Salsa Sauce (z.B. von Seite 8)
½ Limette, Saft davon
etwas Salz & Pfeffer
etwas Chilipulver
etwas Paprikapulver, edelsüß

ZUBEREITUNG

Alle Zutaten in den Mixtopf geben und **20 Sek./Stufe 4** cremig rühren.

Sie können noch frisch gehackten Koriander oder Petersilie dazu geben.

Kann im Kühlschrank 4-6 Tage aufbewahrt werden.

Pro Portion: 130 kcal · 2,5 g KH · 1 g EW · 13 g Fett

MEXICAN LAYERED DIP

mit Cheddar

Hier werden drei Schichten in eine Auflaufform gestrichen und zum Schluss mit Cheddar und Gemüse getoppt! Perfekt zum Dippen mit Nachos.

FÜR DAS TOPPING:

2	Tomaten
150 g	geriebener Cheddar
2	Frühlingszwiebeln
2	Jalapeños
8	schwarze Oliven

8 Portionen

Schicht No. 1

BOHNENCREME

ZUTATEN

¼ rote Zwiebel
1 gr. Dose Kidneybohnen (Abtr.gew. 500 g)
½ TL Chiliflocken
1 TL Oregano, getr.
1 TL Gemüsebrühpulver
1 TL Knoblauch, granuliert
1 TL Kreuzkümmel, gem.
1 TL Paprikapulver, geräuchert
½ TL Salz
¼ TL Pfeffer, gem.
60 g Wasser
30 g Tomatenmark

ZUBEREITUNG

Zwiebel im Mixtopf **3 Sek./Stufe 5** zerkleinern. Bohnen zugeben und **5 Sek./Stufe 4** zerkleinern. Restliche Zutaten zugeben und **15 Sek./Stufe 3** verrühren. In die Auflaufform streichen.

Schicht No. 2

AVOCADOCREME

ZUTATEN

2 reife Avocados
1 Limette, Saft davon
etwas Salz

ZUBEREITUNG

Alle Zutaten in den Mixtopf geben und **5 Sek./Stufe 5** zerkleinern. Mit dem Spatel nach unten schieben und **10 Sek./Stufe 3** cremig rühren. Über die Bohnenschicht streichen (siehe Bild).

Schicht No. 3

SOUR CREAM

siehe nächste Seite

Pro Portion: 378 kcal · 16 g KH · 19 g EW · 23 g Fett

8 Portionen

MEXICAN SOUR CREAM

LAYERED DIP *siehe Seite 12*

Schicht No. 3

SOUR CREAM

ZUTATEN

2 Knoblauchzehen
1 kl. Zwiebel, halbiert
400 g Magerquark
200 g Schmand
15 g Weißweinessig
2 Spritzer Zitronensaft
1 TL Zucker
etwas Salz & Pfeffer
1 Bd. Schnittlauch, in Röllchen geschnitten

ZUBEREITUNG

Alle Zutaten (außer Schnittlauch) im Mixtopf **10 Sek./Stufe 6** mixen. Zum Schluss Schnittlauch untermischen. Fertig!

Als dritte Schicht auf den Layered Dip streichen. Sie können die Sour Cream aber auch als einzelnen Dip servieren.

Kann im Kühlschrank 2-3 Tage aufbewahrt werden.

Pro Portion (Sour Cream): 101 kcal · 4 g KH · 7 g EW · 6 g Fett

4 Portionen

FRESH CORN SALAD

ZUTATEN

2 Dosen	Gemüsemais (Abtr.gew. à 230 g)
50 g	Fetakäse
½	rote Zwiebel
1	grüne Chilischote, entkernt
20 g	Öl
1 EL	Rotweinessig
1	Limette, Saft davon
1 TL	Ahornsirup
etwas	Salz & Pfeffer
etwas	Chiliflocken

ZUBEREITUNG

Mais absieben und zusammen mit zerbröseltem Fetakäse in eine Schüssel geben.

Zwiebel und Peperoni im Mixtopf **5 Sek./Stufe 5** zerkleinern. Restliche Zutaten zugeben und **3 Sek./Stufe 3** mischen. Über den Mais geben und gut vermengen. Am besten einige Stunden durchziehen lassen.

TIPP

Wer mag, kann im ersten Schritt noch etwas Koriander oder Petersilie mit mixen.

Pro Portion: 165 kcal · 15 g KH · 5 g EW · 9 g Fett

4 Portionen

ANANAS-MANGO-SALSA

ZUTATEN

1	Mango
¼	Ananas
1 Handvoll	Koriander
60 g	rote Zwiebel
1	rote Chilischote, entkernt
½	Limette, Saft davon
1 EL	Zitronensaft
1 TL	Olivenöl
etwas	Salz & Pfeffer

ZUBEREITUNG

Mango und Ananas klein würfeln. Koriander, Zwiebel und Peperoni im Mixtopf **5 Sek./Stufe 6** zerkleinern.

Restliche Zutaten zugeben und **3 Sek./Stufe 3** mischen. Zu den Mango- und Ananaswürfeln geben und gut vermengen.

Entweder sofort servieren oder im Kühlschrank aufbewahren.

Pro Portion: 91 kcal · 17 g KH · 1 g EW · 1,5 g Fett

MEXICAN STREET CORN FRITTERS

mit Limetten-Chili-Dip

4 Portionen

ZUTATEN

1 rote Chilischote, entkernt
1 Handvoll Koriander
1 Frühlingszwiebel
75 g Doppelrahmfrischkäse
25 g Mayonnaise
1 EL Limettensaft
etwas Limettenschalen-Abrieb
100 g Weizenmehl, Type 405
100 g Milch, 1,5%
½ TL Salz
½ TL Pfeffer, gem.
½ TL Chiliflocken
½ TL Paprikapulver, geräuchert
420 g Gemüsemais
170-180 g Fetakäse

ZUBEREITUNG

Peperoni, Koriander und Frühlingszwiebel im Mixtopf **5 Sek./Stufe 6** hacken. Restliche Zutaten (außer Mais und Feta) zugeben und **10 Sek./Stufe 3** vermengen. In eine Schüssel umfüllen und Mais unterrühren. Feta mit den Händen zerbröseln und untermischen.

Eine beschichtete Pfanne mit reichlich Öl erhitzen, kleine Portionen der Masse hineingeben und backen. Nach 2 Min. wenden. Dazu servieren Sie den Limetten-Chili-Dip.

LIMETTEN-CHILI-DIP

200 g saure Sahne
50 g Mayonnaise
½ TL Chiliflocken
1 Handvoll Koriander, gehackt
1 EL Limettensaft
etwas Salz & Pfeffer

Alle Zutaten in einer Schüssel gut verrühren.

TIPP

Schmecken warm und kalt sehr lecker!

Pro Portion: 395 kcal · 34 g KH · 16 g EW · 21 g Fett

6-8 Portionen

MAIS-GAZPACHO

ZUTATEN

4	gekochte Maiskolben*
1	Knoblauchzehe
1	Zwiebel
130 g	gelbe Paprika
150 g	Gurke, geschält
250 g	gelbe Tomaten
270 g	Wasser
4 EL	Naturjoghurt, 1,5%
15 g	Olivenöl
20 g	Weißweinessig
etwas	Salz & Pfeffer

ZUBEREITUNG

Von den Maiskolben die Körner abschneiden und mit Knoblauch in den Mixtopf geben. Zwiebel, Paprika, Gurke und Tomaten in Stücken zugeben und **5 Sek./Stufe 5** zerkleinern.

Restliche Zutaten zugeben und **1 Min./Stufe 10** mixen. In Gläser füllen und servieren. Zur Deko eignen sich rote Zwiebelstreifen, Chiliflocken, Maiskörner und Koriander.

** altern. 500 g Mais aus der Dose*

Pro Portion (bei 8):
92 kcal · 11 g KH · 3 g EW · 3 g Fett

4 Portionen

Mexican SHRIMP-COCKTAIL

ZUTATEN

300 g	Shrimps, gegart, küchenfertig
1	Avocado
100 g	Cocktailtomaten
½	Gurke
6	kl. Peperoni, mild eingelegt
1 Handvoll	Koriander
½	rote Zwiebel
½	Orange, Saft davon
1	Limette, Saft davon
1 EL	Olivenöl
1 geh. EL	Tomatenketchup
1 TL	Worcestersauce
1 TL	Hot-Sauce oder einige Spritzer Tabasco
etwas	Salz & Pfeffer

ZUBEREITUNG

Shrimps, Avocado, Cocktailtomaten und Gurke fein würfeln und in eine Schüssel geben. Peperoni in Ringe schneiden und untermischen. Koriander und Zwiebel im Mixtopf **5 Sek./Stufe 6** zerkleinern. Mit dem Spatel nach unten schieben. Orangen- und Limettensaft zugeben. Olivenöl, Ketchup, Worcestersauce und Tabasco zugeben und **10 Sek./Stufe 3** mischen. Über die Shrimps geben und alles mit Salz und Pfeffer abschmecken. In Gläser füllen und bis zum Servieren kalt stellen.

Pro Portion:
207 kcal · 6 g KH · 11 g EW · 12 g Fett

4 Portionen

MEXICAN GREEN RICE

ZUTATEN

½	rote Zwiebel
1	Knoblauchzehe
etwas	Koriander o. Petersilie
30 g	grüne Spitzpaprika
1 Hdv.	Babyspinatblätter (15 g)
½	Limette, Saft davon
550 g	Wasser
2 TL	Gemüsebrühpulver
1 TL	Salz
200 g	Rundreis

ZUBEREITUNG

Alle Zutaten (außer Reis) in den Mixtopf geben und **20 Sek./Stufe 9** mixen. Reis zugeben und **20 Min./98°C/Sanftrührstufe** garen.

TIPP

Wer es gerne pikant mag, streut noch etwas Chilipulver über den Reis.

Pro Portion: 183 kcal · 36,5 g KH · 5 g EW · 1 g Fett

4 Portionen

QUINOA-SALAT

ZUTATEN

50 g	weiße Quinoa
350 g	Wasser
1 Dose	Mais (Abtr.gew. 140 g)
1 Dose	schwarze Bohnen (Abtr.gew. 260 g)
1	Avocado
1	Tomate
2	Limetten, Saft davon
1 EL	Olivenöl
etwas	Koriander, gehackt
¼ TL	Chilipulver
etwas	Salz & Pfeffer

ZUBEREITUNG

Quinoa unter fließendem Wasser heiß waschen. Danach mit 350 g Wasser im Mixtopf **13 Min./100°C/Stufe 0.5** garen. Kalt abbrausen und in eine Schüssel geben.

Mais und Bohnen absieben und untermischen. Avocado und Tomate klein würfeln und mit Limettensaft vermengen. Zusammen mit den restlichen Zutaten unter den Salat mischen. Mit Salz und Pfeffer abschmecken.

Pro Portion: 290 kcal · 26 g KH · 10 g EW · 13 g Fett

HOMEMADE TORTILLAFLADEN

ZUTATEN

8 Stück

150 g	Wasser
350 g	Weizenmehl, Type 405
1 TL	Backpulver
1 TL	Salz
50 g	Öl

ZUBEREITUNG

Alle Zutaten in den Mixtopf geben und **4 Min./Teigstufe** kneten. Sollte der Teig zu bröselig sein, noch 1-2 EL Wasser zugeben. Teig von Hand zu einer Kugel kneten und 15 Min. ruhen lassen.

Danach in 8 Portionen teilen und auf etwas Mehl sehr dünn ausrollen. Die Fladen nacheinander in einer mit Öl ausgepinselten, beschichteten, heißen Pfanne pro Seite ca. 2 Min. backen. Fladen nach Belieben füllen.

Pro Fladen:
208 kcal · 32 g KH · 4 g EW · 7 g Fett

UNSER TIPP: FISH-TACO

Gefüllt mit paniertem Fisch, Salat, etwas Rotkraut, Mangosalsa (S. 17) und Guacamole (S. 6). Dazu passt noch etwas Limetten-Chili-Dip (S. 19).

VEGGIE QUESADILLAS

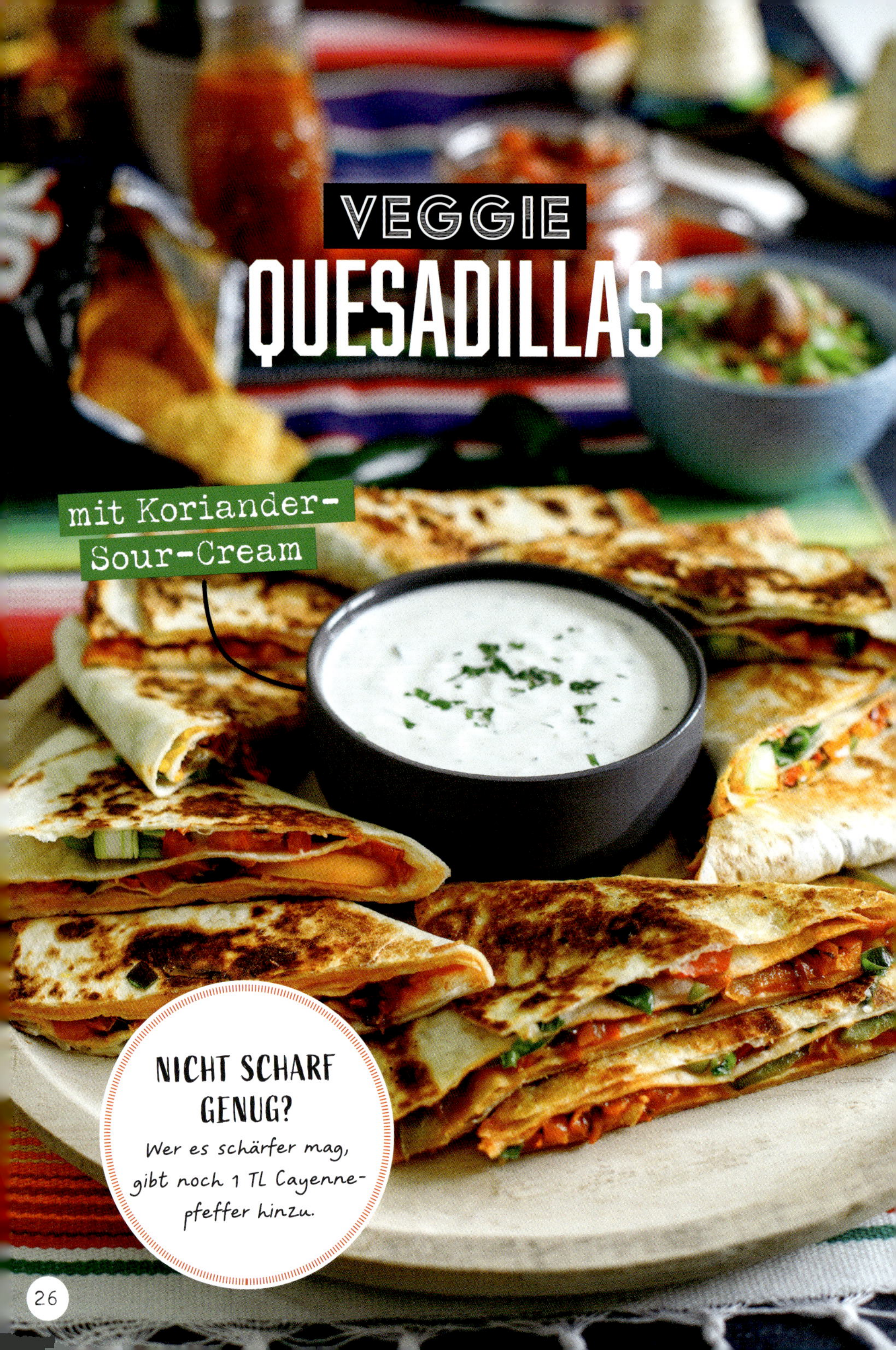

NICHT SCHARF GENUG?

Wer es schärfer mag, gibt noch 1 TL Cayennepfeffer hinzu.

5 Portionen

ZUTATEN

je ½	Paprika, grün, rot, gelb und orange
2	Tomaten
1 Bund	Frühlingszwiebeln
etwas	Öl
etwas	Salz & Pfeffer
5 gr.	Tortilla-Wraps (Ø 30 cm)
150 g	Cheddarkäse, gerieben
5-6 EL	Salsa-Sauce*

**gekauft oder selbstgemacht* *(siehe Rezept auf Seite 5)*

KORIANDER-SOUR-CREAM

400 g	saure Sahne
1 Handvoll	Koriander, gehackt
1 EL	Limettensaft
etwas	Salz & Pfeffer

Alle Zutaten in einer Schüssel gut verrühren.

ZUBEREITUNG

Paprika in Spalten, Tomaten in Würfel und Frühlingszwiebeln in Ringe schneiden. Eine Pfanne mit Öl erhitzen und Paprikaspalten darin anbraten. Mit Salz und Pfeffer würzen.

Die Torillafladen an einer Seite einschneiden und belegen (siehe Bild). Zusammenfalten. Zuerst die unbelegte Seite über die Paprika schlagen. Das Ganze über den Käse schlagen und dann über die Frühlingszwiebeln. Es entsteht ein Viertel Kreis. Dies dann in einer Pfanne mit etwas Öl nacheinander von beiden Seiten anbraten. Dabei mit dem Pfannenwender etwas flach drücken. Die Quesadillas halbieren und auf einer Platte anrichten.

Servieren Sie dazu die Koriander-Sour-Cream.

So geht's

Pro Portion: 331 kcal · 33 g KH · 13 g EW · 15 g Fett

TRADITIONELLES CARNE ASADA

Perfekt für TACOS!

4 Portionen

ZUTATEN

4	Knoblauchzehen, gehackt
2	Limetten, Saft davon (120 g)
50 g	Olivenöl
30 g	Weißweinessig
50 g	Sojasauce
1 TL	Salz
1 TL	Pfeffer, gem.
1 TL	Knoblauchpulver
1 TL	Chilipulver
1 TL	Oregano, getr.
1 TL	Kreuzkümmel, gem.
1 TL	Paprikapulver, geräuchert
500 g	Flanksteak

ZUBEREITUNG

Knoblauch im Mixtopf **5 Sek./Stufe 5** zerkleinern. Restliche Zutaten (außer Steak) zugeben und **6 Sek./Stufe 2.5** mischen. Zusammen mit dem Fleisch in einen Behälter geben und im Kühlschrank mind. 5-6 Std. durchziehen lassen, am besten über Nacht.

Danach Fleisch aus der Marinade nehmen und etwas abtupfen. Auf dem Grill grillen oder in einer Pfanne mit Öl scharf anbraten.

UNSER TIPP

Die Marinade eignet sich auch für Schweine- oder Putenfleisch.

Pro Portion:
386 kcal · 7 g KH · 37 g EW · 23 g Fett

CARNE ASADA

heißt wörtlich übersetzt "gegrilltes Fleisch". In der Regel wird Rindfleisch verwendet. Das Fleisch wird mehrere Stunden in Limettensaft, Öl, Essig und einigen Gewürzen mariniert und dann kurz über einem offenen Holzfeuer gegrillt, um den leckeren Fleischgeschmack mit Röstaromen zu unterstreichen.

BOHNENMUS

ZUTATEN

250 g Pintobohnen*
1.000 g Wasser
1 TL Oregano, getr.
1 Knoblauchzehe
½ Zwiebel
30-50 g Jalapeños
1 EL Öl
1 TL Salz
1 gestr. TL Paprikapulver, geräuchert
1 EL Limettensaft
etwas Cayennepfeffer

ZUBEREITUNG

Bohnen, Wasser und Oregano in den Mixtopf geben und **2 Std./100°C/Stufe 0.5** kochen, bis diese weich sind. Absieben und Flüssigkeit auffangen.

Knoblauch und Zwiebel im Mixtopf **5 Sek./Stufe 6** zerkleinern. Jalapeños und Öl zugeben und **2 Min./Varoma/Stufe 1** dünsten. Gekochte Bohnen (300 g), 30 g Garflüssigkeit und restliche Zutaten zugeben und **30 Sek./Stufe 6** pürieren.

**Alternativ kann man auch Bohnen aus der Konserve verwenden. Diese müssen nicht gekocht werden. Sie benötigen 300 g. Anstatt der Garflüssigkeit geben Sie 30 g Wasser zu.*

TIPP

Sie können z.B. Tostadas und Burritos mit dem Bohnenmus bestreichen oder als Dip verwenden.

Pro Portion: 150 kcal · 19 g KH · 8 g EW · 3 g Fett

TIPP
Das Relish ist ideal als Topping für Tacos oder Tostadas.

Zwiebel-Relish

ZUTATEN

2	rote Zwiebeln
½	Limette, Saft davon
1 Handvoll	Koriander
2 TL	Weißweinessig
1 TL	Zucker
½ TL	Salz

ZUBEREITUNG

Zwiebeln in feine Scheiben hobeln. Saft der Limette darüber geben. Koriander hacken und mit Weißweinessig, Zucker und Salz zu den Zwiebeln geben. Mit den Händen vermengen und im Kühlschrank 1-2 Std. durchziehen lassen.

Pro Portion: 19 kcal · 4 g KH · 0,6 g EW · 0,1 g Fett

TACO GARLIC SHRIMPS

4 Portionen

ZUTATEN

300 g	Garnelen, geschält, entdarmt, gegart*
¼ TL	Kreuzkümmel, gem.
¼ TL	Paprikapulver, geräuchert
etwas	Salz & Pfeffer
3	Knoblauchzehen
25 g	Butter
30 g	Olivenöl
¼	rote Zwiebel
etwas	Koriander, gehackt
1	Limette, Saft davon

ZUBEREITUNG

Garnelen mit Kreuzkümmel, Paprikapulver und etwas Salz und Pfeffer würzen.

Knoblauch im Mixtopf **5 Sek./Stufe 5** zerkleinern. Butter und Olivenöl zugeben und **3 Min./80°C/Stufe 1** garen. Zwiebel in Streifen schneiden und zugeben. Garnelen mit in den Mixtopf geben und das Ganze **5 Min./100°C/Sanftrührstufe** garen. Koriander und Limettensaft untermischen und servieren.

**Wenn Sie rohe Garnelen verwenden, braten Sie diese mit der Knoblauch-Butter-Mischung in einer Pfanne scharf an.*

Pro Portion:
173 kcal · 2 g KH · 12 g EW · 13 g Fett

TACO TIPP

Füllen Sie den Tortillafladen wie folgt: Bohnenmus auf den Fladen streichen, Salat, Tomatenwürfel, Zwiebel-Relish, Jalapeños und die Garlic Shrimps darauf geben. Wer mag, toppt das Ganze noch mit Salsa-Sauce oder Sour Cream.

6 Portionen

MEXICAN PULLED CHICKEN

Perfekt für
TACOS
BURRITOS &
ENCHILADAS

ZUTATEN

1 kg	Hähnchenbrust
3	Knoblauchzehen
1	rote Zwiebel, halbiert
20 g	Olivenöl
1 Dose	passierte Tomaten (400 g)
80 g	Tomatenmark
1 EL	Worcestersauce
1 EL	Weißweinessig
40 g	brauner Zucker
½ TL	Zimt, gem.
1 TL	Paprikapulver, geräuchert
1 TL	Paprikapulver, edelsüß
1 TL	Oregano, getr.
1 TL	Senfpulver
1 TL	Chilipulver
1 TL	Salz
¼ TL	Pfeffer, gem.

ZUBEREITUNG

Backofen auf 150°C Umluft vorheizen. Hähnchenbrust in 4-5 cm dicke Scheiben schneiden und in eine Auflaufform geben.

Knoblauch und Zwiebel im Mixtopf **5 Sek./Stufe 6** zerkleinern. Mit dem Spatel nach unten schieben. Öl zugeben und **2 Min./Varoma/Stufe 1** dünsten. Restliche Zutaten für die Sauce zugeben und **7 Min./100°C/Stufe 1** aufkochen. Hähnchen mit der Sauce übergießen, vermengen und für 1,5 Std. in den Ofen geben. Alle 20-30 Min. durchmischen. Nach dem Garen mit zwei Gabeln zerrupfen und mit der Sauce vermengen.

BURRITO TIPP

Füllen Sie den Tortillafladen wie folgt: Pulled Chicken, Tomatenwürfel, Avocado, Kidneybohnen, Mais, geriebener Cheddarkäse. Das Ganze aufrollen und auf dem Kontaktgrill oder in der Pfanne nochmal braten.

Pro Portion:
275 kcal · 16 g KH · 41 g EW · 5 g Fett

SHRIMP/ CHICKEN FAJITAS

Super easy!

5 Portionen

ZUTATEN

500 g	Paprika, gemischt
1 gr.	rote Zwiebel
1 gr.	Zwiebel
650 g	Garnelen oder Hähnchengeschnetzeltes
50 g	Olivenöl

ZUBEREITUNG

Paprika und Zwiebel in Spalten schneiden. Zusammen mit den Garnelen/Hähnchen in eine Auflaufform oder auf ein mit Backpapier belegtes Backblech geben.

Zutaten für die Fajita Gewürzmischung vermengen und über das Gemüse und Garnelen/Hähnchen streuen. Olivenöl zugeben und mit den Händen gut vermengen.

Das Ganze bei 180°C Umluft für ca. 20 Min. in den Backofen geben.

Pro Portion (mit Garnelen):
279 kcal · 13 g KH · 26 g EW · 12 g Fett

Pro Portion (mit Hähnchen):
297 kcal · 14 g KH · 33 g EW · 12 g Fett

ZUTATEN

1 EL	Salz
2 TL	Kreuzkümmel, gem.
1 TL	Paprikapulver, geräuchert
1 TL	Paprikapulver, edelsüß
2 TL	Zwiebelpulver
1 TL	Oregano, getr.
1 TL	Knoblauchpulver
1 TL	Chiliflocken

Alle Gewürze gut miteinander vermengen.

CHILI SIN/CON CARNE

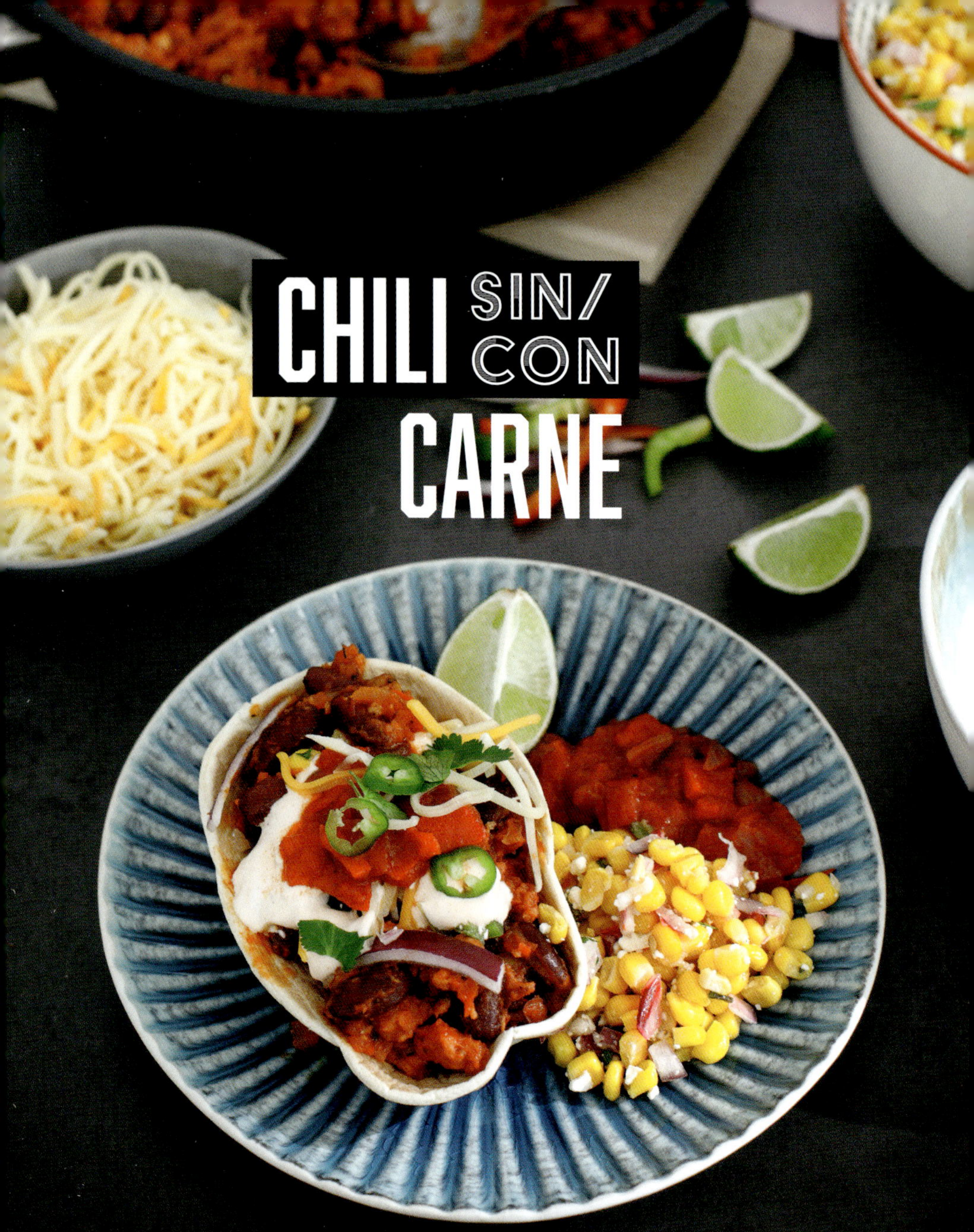

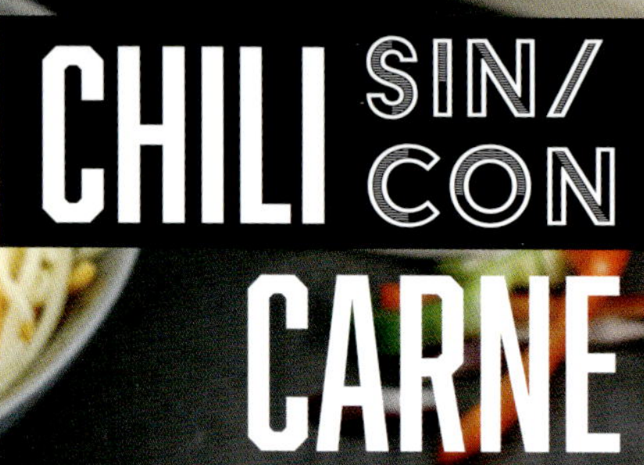

PERFEKT FÜR BURRITOS

Das Chili ist ideal zum Füllen von Tortillafladen. Eingewickelt mit etwas Tomatenwürfel, Avocado, Jalapeños, Käse und Sour Cream entsteht ein leckerer Burrito. Wer möchte, kann auch noch Salsasauce dazugeben.

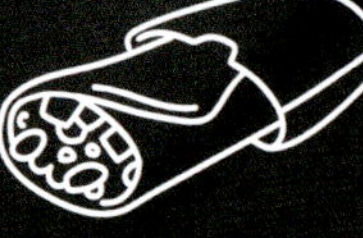

4 Portionen

ZUTATEN

150 g Zwiebel, in Stücken
½ - 1 rote Chilischote, entkernt
1 Knoblauchzehe
20 g Olivenöl
1 Dose stückige Tomaten (400 g)
1 TL Gemüsebrühpulver
1 TL Oregano, getr.
1 gestr. TL Kreuzkümmel, gem.
1 TL Salz
½ TL Zucker
1 TL Paprikapulver, geräuchert
50 g Tomatenmark

AUSSERDEM

500 g Hackfleisch, gemischt o. Veggie-Hack
1 Dose Kidneybohnen (800 g)

ZUBEREITUNG

Zwiebel, Chili und Knoblauch in den Mixtopf geben und **5 Sek./Stufe 5** zerkleinern. Mit dem Spatel nach unten schieben. Öl zugeben und **3 Min./Varoma/Stufe 1** dünsten. Restliche Zutaten für die Sauce (außer Tomatenmark) zugeben und **10 Min./100°C/Stufe 1** garen. Tomatenmark zugeben und **5 Sek./Stufe 3** mischen.

Hackfleisch in einer Pfanne mit etwas Öl krümelig anbraten. Bohnen absieben und waschen. Zusammen mit Sauce aus dem Mixtopf zum Hack geben, vermengen und kurz ziehen lassen.

LOADED NACHOS

Das Chili über Nachos geben, mit Avocado- und Tomatenwürfel und Jalapeños bestreuen. Fertig ist ein schneller Feierabend-Snack!

Pro Portion:
612 kcal · 33 g KH · 44 g EW · 31 g Fett

ENCHILADAS

mit Hackfleisch-Füllung

Enchilada

... ist ein traditionelles mexikanisches Gericht, das je nach Region und Belieben in unterschiedlichen Varianten zubereitet wird. Es handelt sich dabei um gefüllte, weiche Tortillafladen, die im Ofen überbacken werden. Enchiladas können auch zusätzich mit einer Sauce übergossen werden. Ein Rezept für die traditionelle mexikanische Mole Sauce finden Sie auf der nächsten Seite.

6 Portionen

ZUTATEN

80 g	Cheddarkäse o. Gouda
1	Avocado
1 kl. Dose Mais (Abtr.gew. 140 g)	
1 gr. Dose Kidneybohnen (Abtr.gew. 500 g)	
1 P.	Wraps (6 Stück, 432 g)
100 g	Schmand

ZUBEREITUNG

Cheddar im Mixtopf **10 Sek./Stufe 5** reiben. Umfüllen. Für die Hackmasse Paprika und Tomaten klein würfeln. Zwiebel und Knoblauch in den Mixtopf geben und **5 Sek./Stufe 5** zerkleinern. Hackfleisch (zerrupft) und Öl zugeben und **4 Min./100°C/ ⟲ /Sanftrührstufe** dünsten. Paprika- und Tomatenwürfel zusammen mit den restlichen Zutaten für die Hackmasse zugeben und **15 Min./100°C/ ⟲ /Stufe 1** kochen.

In der Zwischenzeit Avocado in kleine Würfel schneiden. Kidneybohnen und Mais in ein Sieb geben und unter laufendem Wasser waschen. Wraps mit Hackmasse, Kidneybohnen, Mais und Avocado füllen, aufrollen und in eine Auflaufform legen. Schmand darüber streichen und mit Käse bestreuen. Im vorgeheizten Backofen bei 200°C Ober-/Unterhitze ca. 25 Min. überbacken.

FÜR DIE HACKMASSE

1	rote Paprika (200 g)
3	Tomaten (480 g)
1	Zwiebel, halbiert
1	Knoblauchzehe
300 g	Rinderhackfleisch
20 g	Öl
40 g	Ajvar, mild
150 g	Wasser
1 TL	Paprikapulver, rosenscharf
1 TL	Paprikapulver, edelsüß
½ TL	Paprikapulver, geräuchert
¼ TL	Zimt
½ TL	Pfeffer, gem.
½ TL	Koriander, gem.
½ TL	Kreuzkümmel
1 TL	Oregano, getr.
1 TL	Salz
½ TL	Zucker
1 Msp.	Chilipulver

Zubehör: Auflaufform Größe 20x30 cm

Pro Portion: 575 kcal · 41 g KH · 29 g EW · 30 g Fett

ENCHILADA MOLE SAUCE

ZUTATEN

4	Knoblauchzehen
1	rote Zwiebel
20 g	Olivenöl
1 Dose	passierte Tomaten (400 g)
20 g	Tomatenmark
1 EL	Erdnussmus
1 EL	Backkakao
½ TL	Zimt
1 TL	Zucker
1 TL	Salz
¼ TL	Pfeffer, gem.
1 TL	Chilipulver

ZUBEREITUNG

Knoblauch und Zwiebel im Mixtopf **5 Sek./Stufe 5** zerkleinern. Mit dem Spatel nach unten schieben. Öl zugeben und **2 Min./Varoma/Stufe 1** dünsten. Restliche Zutaten zugeben und **10 Min./100°C/Stufe 1** kochen. Im Anschluss **30 Sek./Stufe 8** pürieren.

Die Sauce ist ideal zum Überbacken von Enchiladas oder passend zu Hähnchenfleisch.

CHICKEN ENCHILADAS

Füllen Sie 6-8 Tortillafladen mit Pulled Chicken (s. Seite 34), einer Dose Mais und einer Dose Kidneybohnen. Darüber kommt die Mole Sauce und geriebener Cheddarkäse. Im Ofen bei 200°C Ober-/ Unterhitze ca. 20 Min. überbacken.

TIPP:

Hält sich in einem Schraubglas mehrere Tage im Kühlschrank.

Pro Portion: 86 kcal · 6 g KH · 3 g EW · 5 g Fett

8 Portionen

GEFÜLLTER TACO-RING

TIPP

Dazu servieren Sie Salat mit Joghurtdressing und Salsa oder Chili-Cheese-Sauce.

FÜR DIE FÜLLUNG

1	rote Zwiebel
1	grüne o. rote Spitzpaprika
300 g	Hackfleisch, gemischt
etwas	Öl zum Braten
1 TL	Paprikapulver, edelsüß
½ TL	Kreuzkümmel, gem.
1 TL	Oregano, getr.
2 EL	Paprikamark
3-4 EL	Wasser
etwas	Salz & Pfeffer

einige Spritzer Worcestersauce

FÜR DEN TEIG

180 g	Wasser, lauwarm
½ Würfel	frische Hefe
400 g	Weizenmehl, Type 405
50 g	Olivenöl
1 TL	Salz

AUSSERDEM

200 g geriebener Cheddarkäse
1 Eigelb mit 2 EL Milch vermengt

ZUBEREITUNG

Zwiebel und Spitzpaprika würfeln. Zusammen mit Hackfleisch in einer Pfanne mit Öl und Gewürzen anbraten. Paprikamark und Wasser zugeben und das Ganze mit Salz und Pfeffer würzen. Etwas Worcestersauce zugeben, vermengen und die Masse umfüllen.

Backofen auf 200°C Umluft vorheizen. Alle Teigzutaten in den Mixtopf geben und **1:30 Min./Teigstufe** kneten. Teig auf einer bemehlten Arbeitsfläche vom Durchmesser etwas größer als ein Backblech ausrollen.

Die Hackmasse kreisförmig auf dem Teig verteilen, dabei bleibt in der Mitte und am Rand Platz frei. Auf die Hackmasse geriebenen Cheddar geben (bis auf 2 EL zum Bestreuen). Teig vom Rand über die Füllung schlagen und festdrücken. Teig komplett mit dem Ei-Milch-Gemisch einpinseln. Teig in der Mitte sternförmig einschneiden und über den anderen Teig nach außen schlagen, sodass ein Ring entsteht. Ring mit Käse bestreuen und im vorgeheizten Backofen ca. 15 Min. backen.

Pro Portion: 450 kcal · 39 g KH · 19,5 g EW · 23 g Fett

TRES LECHES KUCHEN

*Sahne steif schlagen:

Rühraufsatz in den sauberen, kalten Mixtopf einsetzen. Sahne und Zucker hineingeben und unter Sichtkontakt auf **Stufe 3.5** steif schlagen.

ZUTATEN

5	Eier (Gr. M)
1 Prise	Salz
125 g	Zucker
etwas	Vanillearoma
200 g	Weizenmehl, Type 405
2 TL	Backpulver
120 g	Milch, 1,5%

ZUM TRÄNKEN

100 g	Milch, 1,5%
150 g	gezuckerte Kondensmilch
150 g	normale Kondensmilch

AUSSERDEM

300 g	Sahne
30 g	Zucker
etwas	frische Früchte
etwas	Zimt

Zubehör: Backform, Größe ca. 18 x 26 cm

TIPP

Geben Sie zur Milchmischung noch etwas Rum dazu.

ZUBEREITUNG

Eier trennen. Rühraufsatz in den Mixtopf einsetzen. Eiweiß und eine Prise Salz in den Mixtopf geben und ca. **2 Min./Stufe 4** steif schlagen. Umfüllen. Rühraufsatz entfernen. Eigelb, Zucker und Vanillearoma in den Mixtopf geben und **1 Min./Stufe 4** cremig rühren. Mehl, Backpulver und Milch zugeben und **10 Sek./Stufe 4** vermengen. Eischnee zugeben und erneut **6 Sek./Stufe 4** unterheben.

Teig in eine gefettete kleine Backform geben und im vorgeheizten Backofen bei 180°C Ober-/Unterhitze ca. 20-25 Min. backen. Danach aus dem Ofen nehmen und 10 Min. abkühlen lassen. Mit einer Gabel ganz viele Löcher in den Teig einstechen. Die 3 Milchsorten miteinander mischen und über den Kuchen gießen. Für mehrere Std. in den Kühlschrank stellen. Vor dem Servieren Sahne mit Zucker steif schlagen* und auf dem Kuchen verteilen. Mit Früchten und Zimt garnieren.

Pro Stück: 288 kcal · 36 g KH · 8 g EW · 12 g Fett

2 Gläser
à 370 ml

ERDBEER MOJITO

ZUTATEN

8 Erdbeeren
2 Limetten, geviertelt
30 g brauner Zucker
12 Blätter Minze
80 g weißer Rum
100 g Mineralwasser
2 Handvoll Crushed Ice (ca. 150 g)

ZUBEREITUNG

Erdbeeren im Mixtopf **5 Sek./Stufe 5** zerkleinern. Limetten, Zucker und Minze zugeben und **10 Sek./↺/Stufe 4** mixen. Rum und Mineralwasser zugeben und **3 Sek./↺/Stufe 2** mischen.

2 Gläser zur Hälfte mit Crushed Ice füllen. Dann den Mojito aufteilen und genießen.

Pro Glas:
193 kcal · 36 g KH · 1 g EW · 2 g Fett